HISTOIRE

DU

MARCHÉ D'AIN-FAKROUN

ET

Série de Canailleries administratives

DÉDIÉES

à M. DUCOS, Préfet de Constantine

PAR

LE SPHINX, RÉDACTEUR AU "RÉPUBLICAIN"

✕

DÉCEMBRE 1893

:o:

CONSTANTINE

IMPRIMERIE NICOLAS AUDRINO

5, rue d'Orléans, 5

MONSIEUR LE PRÉFET,

Bien que je n'ai pas l'honneur de vous connaître personnellement, bien que vous n'ayez jamais entendu parler de moi, par la raison que je ne suis rien qu'un simple honnête homme, je vous demande la liberté de m'adresser à vous directement, pour vous raconter en détail quelques petites histoires de notre département qu'il est indispensable que vous connaissiez dans l'intérêt de tous.

Aujourd'hui nous commençons par l'histoire d'un marché,

Vous êtes arrivé dans ce pays avec une réputation très grande au point de vue administratif, on vous dit doué d'un caractère ferme et impartial.

Avec de telles qualités et l'intelligence des affaires en général, je suis sûr de trouver en vous le fidèle interprète de cette justice pour tous qui est si nécessaire au bien public.

Les histoires dans le département de Constantine sont toutes plus extraordinaires les unes que les autres. C'est à n'y pas croire, mais il faut bien se rendre à l'évidence, surtout après avoir vu les faits racontés par le *Républicain* au sujet de la *gestion du maire de Tébessa, M. Cambon.*

Avant d'entrer dans le fond de la question que j'ai à traiter, je vais vous dire quelques mots sur le village où se trouve le marché qui doit me fournir les éléments pour l'histoire précitée.

En 1868, il y a 25 ans, le plateau secondaire qui se trouve exactement à moitié chemin de Constantine à Aïn-Beïda, complètement dépourvu, n'était habité que par les chacals et par un nombre prodigieux de tortues vivant à l'aise dans une immense mare qui était comme le bassin d'une belle source qui sort des bancs de grès arrivant jusqu'à la surface du sol.

C'est à cause de la présence de ce grand nombre de tortues, que les indigènes nomades, que le hasard conduisait dans ce désert, donnèrent à la source le nom d'Aïn-Fakroun.

C'est dans ce pays nu comme un ver, paraissant inhabitable, qu'un colon français très intelligent et doué d'une activité prodigieuse, eut l'idée de créer un centre destiné à servir de trait d'union entre le chef-lieu de la province, Aïn-Beïda et les Hauts-Plateaux du sud-est.

Pour un homme seul, sans fortune, l'entreprise était téméraire, tout le monde en conviendra.

En effet, tenter de s'établir dans un désert, au milieu des fauves, dans un pays sans ressources, n'ayant pas le moindre chemin, paraîtrait encore de nos jours une chose impossible.

Cependant notre colon ne recula pas; malgré les difficultés matérielles, malgré les dangers pour sa personne, il marcha vers le but qu'il s'était fixé.

A cette époque déjà éloignée d'un quart de siècle, les colons établis sur un rayon de 150 kilomètres étaient privés des choses les plus indispensables à l'existence, et plus particulièrement des nouvelles des grands centres, par suite de l'absence complète des services postaux et même des moyens de communication qui n'existaient pas.

Cette situation, impossible pour, tous ne tarda pas à se modifier profondément dans un sens favorable, grâce à l'énergie de notre colon.

Il ne perdit pas de temps. Il commença d'abord par s'établir d'une façon primitive dans un endroit qu'il choisit librement, situé à 57 kilomètres de Constantine. Cette installation conduisit notre homme aux premiers jours de l'année 1869.

A partir de cette dernière date, l'Administration, qui avait entendu parler du travailleur qui n'avait pas craint de s'établir dans ces lieux déserts, le fit appeler pour lui offrir le service des dépêches de Constantine à Aïn-Beïda.

Le colon qui avait eu, dès le début, l'habitude de ne pas compter les difficultés accepta l'offre qu'on lui faisait et c'est ainsi que les dépêches furent transportées en voiture pour la première fois de Constantine à Aïn-Beïda.

De 1869 à 1873, laps de temps fixé pour la première période, le service postal se fit très exactement et à la grande satisfaction de tous, du public et de l'Administration.

C'est précisément à cause de la régularité du service et des bienfaits que l'entreprise du colon répandait partout, que l'Administration lui continua sa confiance, non seulement pour les dépêches de Constantine à Aïn-Beïda, mais aussi pour les lignes de Tébessa à Khenchela, tout cela pendant vingt ans, c'est-à-dire jusqu'à la construction des voies ferrées.

Pendant tout ce temps il n'encourut pas le moindre reproche ni la plus petite amende.

N'est-ce pas une preuve évidente de la valeur de notre colon ?

Ce n'est pas tout.

Vous avez déjà compris, M. le Préfet, que la création d'un centre par un seul individu, même très courageux, n'est pas chose facile, surtout si l'on remonte à 25 ans au-delà de nous.

Après avoir élevé une construction légère dans laquelle il devait s'abriter, lui et ses bêtes contre les fauves et les voleurs qui devaient être attirés dans cet endroit par l'établissement d'un roumi, — notre colon entreprit au fur et à mesure de ses petits moyens, la construction d'une demeure plus confortable, présentant un abri plus sûr contre les malfaiteurs dont le nombre allait augmenter en raison du peuplement et par conséquent des éléments capables d'attirer l'attention des écumeurs de grands chemins.

Comme vous le pensez, les débuts furent pénibles et décourageants.

L'absence de toutes communications ne permettait pas, ou du moins rendait très difficiles et fort coûteux les approvisionnements de vivres et de matériaux de toutes natures.

Comment s'y prendre pour le transport des bois, des chaux, du sable et des autres matériaux nécessaires à la construction, sans parler, non pas du pain, mais des farines, autant de choses indispensables au colon, à son personnel qui commençait à augmenter et aux indigènes qu'il s'agissait d'attirer sur les lieux ?

Il débuta d'abord par la construction d'un moulin à vent qu'il établit en haut d'un monticule situé dans les environs, au sud-est de sa demeure primitive. Cette installation faite, la vie était assurée aux peuplades : elles pouvaient venir s'installer dans la région ainsi que le personnel occupé par le colon.

Après la farine et le four, notre homme se met en mesure d'augmenter l'importance de ses contructions personnelles.

C'est ainsi qu'en 1887 les constructions du colon forment un ensemble de bâtiments ayant 4 façades de 50 mètres de côté, au milieu desquels s'élève une maison importante surmontée d'un premier étage.

Dès le premier jour, l'unique colon d'Aïn-Fakroun ne perd jamais de vue que, pour compléter l'œuvre commencée, il doit pousser à la création d'un véritable centre, et que pour y parvenir il lui faudra démontrer l'importance de ses efforts et la possibilité de trouver dans le pays les ressources pour une agglomération.

Enfin, il travailla si bien et si énergiquement qu'il obtint du Gouverneur général, une visite des lieux, *à la suite de laquelle M. Tirman décida la création du village d'Aïn-Fakroun.*

Ce centre date de 1887.

Pendant que se déroulaient les événements de ces vingt premières années, l'Administration avait créé la commune mixte d'Aïn-M'lila embrassant 45 à 50 mille habitants, divisés en 18 douars payant chacun, en moyenne, un revenu de 6,000 francs.

Le centre d'Aïn-Fakroun est donc créé. Nous sommes en 1887, époque à laquelle notre colon a la satisfaction d'être parvenu au but poursuivi sans relâche pendant vingt années consécutives.

En présence d'un tel résultat, je dois déclarer sans hésitation, qu'il y a dans ce pays une foule de personnes décorées de la *Légion d'honneur* qui n'ont pas, et qui n'auront jamais à leur actif la dixième partie des mérites du créateur du village d'Aïn-Fakroun.

Le fondateur du centre après avoir réussi à s'établir en véritable colon, s'aperçut que son moulin à vent, qui manquait souvent de son moteur naturel, était devenu insuffisant en raison de l'augmentation des besoins économiques. Que fit-il ?

Comme toujours il s'employa de toutes ses forces à doter la région d'un élément qui lui paraissait indispensable, l'industrie de la meunerie.

C'est ainsi qu'il installa dans ses bâtiments un véritable moulin à vapeur actionné par des moteurs mécaniques ayant une puissance de 20 chevaux.

Soit à cause des facilités que la nouvelle industrie rendait au pays, soit à cause de la réputation d'homme serviable qu'il avait acquise dans son commerce, les habitants venant de très loin devinrent les clients fidèles et dévoués du colon qui avait su, par son initiative, porter la vie et la civilisation dans une région désolée quelques années auparavant.

Le village fut donc créé sur le pied de 15 à 16 *feux*, ayant chacun une trentaine d'hectares de terre, non compris un petit lot industriel destiné à la construction d'une maison, d'une écurie, etc.

La région d'Aïn-Fakroun traversée par la route neuve d'Aïn-Beïda, parut à notre colon digne de posséder un marché hebdomadaire dont le mouvement rendrait de très grands services au centre lui-même, tout en facilitant et en augmentant dans une large mesure les échanges entre les producteurs et les acheteurs.

Une fois cette idée fixée dans sa tête, notre colon ne l'abandonna qu'après avoir obtenu ce qu'il considérait comme indispensable à l'avenir de la colonie naissante.

C'est encore aux efforts de notre colon que le village d'Aïn-Fakroun doit le marché tel qu'il existe aujourd'hui, voté en 1891 et achevé en 1892.

Au sujet du marché créé officiellement en 1891, je dois observer en passant, qu'il existait bien avant, grâce au créateur du village qui avait osé se charger de le faire vivre et prospérer à ses risques et périls vers l'année 1874. Quand je dis que le marché officiel fût créé en 1891 et 1892, je veux parler de la construction du mur d'enceinte qui eut lieu à cette dernière époque tandis que les échanges et les *transactions s'y faisaient depuis 18 ans*.

Le mur de clôture voté par la Commune en 1891 a un développement tel qu'il embrasse une superficie de 15,000 mètres carrés environ, soit 1 hectare 50 ares.

Cet emplacement est situé dans un endroit très heureux à tous les points de vue.

Il se trouve tout à fait à l'entrée du village, à droite de la route de Constantine à Aïn-Beïda, sur un terrain légèrement incliné, situation particulièrement convenable au point de vue de l'hygiène. Si j'examine le dit marché sous un autre jour, je vois immédiatement qu'il était absolument impossible de l'établir ailleurs, surtout étant donné qu'un marché de cette nature doit être spacieux afin de faciliter le mouvement, la circulation des nombreux animaux qu'on y amène d'habitude.

C'est entendu ! En 1891, tout le monde est content et a raison de l'être, puisque le marché fermé a été construit dans un endroit qui convenait à tous les intérêts, à l'hygiène et à la liberté du trafic.

Je dois dire ici que le colon en question, le seul créateur du village et du marché, se trouvait par hasard adjoint spécial, et, que c'est à sa double qualité de colon et de magistrat, que le centre d'Aïn-Fakroun doit d'avoir été aussi bien servi.

La dépense pour la construction de l'entourage du marché, voté et exécuté en 1892, s'élève à la somme de douze à quinze mille francs, chiffre important si je le compare aux produits agricoles fournis par la population d'Aïn-Fakroun.

Le marché, tel qu'il est, est situé dans un endroit tout à fait commode, relativement aux facilités, à la liberté que les indigènes trouvent à se mouvoir, eux, et, les nombreuses bêtes qu'ils conduisent sur les lieux.

Pour vous, Monsieur le Préfet, qui ne connaissez le village que de nom, il vous suffirait de voir les lieux pour être entièrement de mon avis.

Et dans ce cas, vous allez me demander d'où viennent les causes qui ont provoqué tout le bruit qui s'est fait autour de ce marché en vue d'obtenir son déplacement et son transfert dans le centre du maigre village d'Aïn-Fakroun.

Les causes, Monsieur le Préfet, sautent aux yeux.

Elles sont connues de tout le monde, même de l'Administration et surtout de l'*Administrateur d'Aïn-M'lila*, qui a été, sans contredit, le pivot de toute cette machination dont les conséquences doivent retomber sur lui.

Du reste, j'en ai long à dire sur cet administrateur, mais pour le moment, j'ai à vider entièrement la question du marché, votre subordonné devant être l'objet d'une histoire personnelle.

J'ai dit tout à l'heure que notre colon, le créateur du village et du marché qui existe, était adjoint spécial au moment où tout était achevé. En même temps il était adjudicataire du droit à percevoir sur les marchés, moyennant un prix déterminé à payer à la Commune.

Il en était là lorsque des gens de sac et de| corde, nourris de haine et de jalousie décidèrent que le colon travailleur, l'homme intelligent et serviable que nous connaissons, devait disparaître du pays, ou du moins du marché et de sa situation d'adjoint, par ce singulier motif qu'il avait trop d'influence et qu'il était trop aimé des Indigènes.

Une fois ce plan arrêté il ne s'agissait plus que de trouver le moyen et l'occasion de l'exécuter.

L'attaque commença, non pas contre l'adjoint spécial, mais contre l'adjudicataire des marchés. Il fut attaqué dans les journaux. On lui reprochait de faire du despotisme à l'égard des marchands de grains, la plupart étrangers au pays et qui ne cherchaient qu'à ne pas payer les droits de marché et, par conséquent, qu'à compromettre les intérêts de la Commune pour l'avenir.

On lui reprochait d'être adjoint et adjudicataire des marchés en même temps, ce qui existe encore aujourd'hui pour le nouvel adjoint spécial et lequel l'on ne relève plus.

C'étaient là les griefs de ceux qui désiraient prendre sa place.

Pour bien se rendre compte de toutes les avanies, de toutes les canailleries dont il fut la victime, il faudrait relire le *Républicain* de l'époque qui prit sa défense comme il le fait toujours, pour qui que ce soit, *lorsqu'il s'agit de faire prévaloir le droit et la justice.*

Un des étrangers auxquels j'ai déjà fait allusion, se mit en campagne aussitôt après sa naturalisation.

Dans son esprit pratique, il se dit à lui-même :

« En Algérie, les Français sont si bons et si bêtes qu'un naturalisé peut leur faire tout accepter ; ils ont un faible pour les *étrangers* et dans ce cas je n'ai qu'à vouloir pour réussir.

« Non seulement je puis devenir l'égal du premier Français, du créateur du village, mais encore, grâce à la naïveté des colons dont je suis entouré, à la complicité de l'administration locale, je parviendrai sûrement à porter le trouble dans Aïn-Fakroun, trouble à la faveur duquel je m'élèverai jusqu'au pouvoir.

« Du haut du pouvoir, je m'emparerai de toutes les adjudications qui me permettront de dominer cette bande d'imbéciles, y compris l'administration qui consentira au déplacement du marché *une année après l'avoir approuvé.* »

C'est ainsi que parla l'étranger. Son plan qui fut suivi très exactement a parfaitement réussi, nous devons l'avouer à sa louange, tandis qu'ailleurs on a manqué à tous ses devoirs dans cette circonstance, — ainsi que nous le démontrerons clairement.

En ce qui concerne les Français, mes compatriotes, je pense qu'ils doivent à l'heure actuelle se trouver quelque peu humiliés du rôle de dupes qu'on leur a fait jouer, malgré eux, dans la comédie grotesque qui se déroule sous nos yeux.

Je prie Monsieur le Préfet de bien retenir ceci :

En 1891, il y a deux ans environ, le village d'Aïn-Fakroun résolut d'avoir un marché à l'entrée du village côté nord, entouré d'une belle clôture en maçonnerie dans lequel on accéderait par de belles grilles en fer ménagées sur plusieurs façades.

L'utilité de ces travaux fut reconnue et la somme nécessaire pour la construction du mur d'enceinte, évaluée à 12 ou 15 mille francs fut votée par tout le monde.

L'affaire votée et les enquêtes faites, la Préfecture donna son entière approbation, comme c'était son droit et son devoir.

Les travaux, grâce à l'approbation préfectorale, furent attaqués de suite et terminés en 1892.

Les travaux achevés, la perception du droit est mise à l'adjudication qui fut tranchée en faveur du plus offrant. C'est notre premier colon, le fondateur unique du village et du marché qui fut déclaré adjudicataire. Jusqu'ici rien d'extraordinaire, les choses se passaient régulièrement, c'est-à-dire selon les vœux de la loi.

Les affaires ne doivent pas rester longtemps dans la voie légale. Elles doivent en sortir d'une façon honteuse pour les meneurs, l'Administrateur d'Aïn-M'lila et pour la Préfecture qui a approuvé son fait inqualifiable.

Une année ne s'était pas encore écoulée depuis la construction du marché, construction approuvée par la Préfecture, que les meneurs en question, se mirent dans l'idée que le marché devait être refait et transféré au milieu du village.

Pour donner plus de poids à leurs démarches, les meneurs qu'il faut appeler la plaie du pays, s'en furent trouver de braves colons auxquels ils tinrent le langage suivant : *Vous savez tous que nos immeubles ne se louent pas par ce motif que le marché se tient à l'entrée du village ! Le premier colon du pays, le fondateur du village, est seul à profiter du marché qu'il a fait établir là où il se trouve. par la raison que sa ferme est également* à l'entrée du village, pouvant ainsi louer à volonté les immeubles locaux qu'il possède.

Mais quelques colons, sans parler des milliers d'indigènes, observaient qu'un marché ne saurait convenir au milieu des habitations, que les bêtes à cornes et autres seraient très gênées, qu'elles gêneraient tout le monde sans parler des dégâts qu'elles pourraient causer aux arbres, aux plantations de toute nature, etc. Ils ajoutaient, qu'au point de vue de l'hygiène, le marché serait abominable à cause de la malpropreté qui existerait toujours par la présence d'une quantité d'immondices. On savait tout cela, mais ce qu'on voulait surtout, c'était la chute de l'homme qui avait tout créé.

Ils ne voulaient pas qu'il fut adjoint spécial, ni colon ; ils désiraient faire disparaître, non seulement le marché, mais encore le plus petit souvenir du premier colon du pays.

Les étrangers, voyant les colons contre leur système, sans parler des Arabes qui veulent le marché où il est, ainsi que nous le prouverons, imaginèrent de faire circuler une pétition par laquelle les colons s'engageraient à refaire le marché de leurs deniers personnels, si l'Administration approuvait leur idée.

Pour arriver à leur fin, les étrangers demandèrent à l'administrateur de leur assurer un vote favorable, chose d'autant plus facile que l'administrateur pouvait se passer de l'avis des Indigènes, seuls intéressés au marché. Les cheiks, par exemple, ne voteraient pas si l'administrateur leur faisait un signe.

La pétition précitée courait dans les rues pour recueillir des signatures, sans lesquelles on ne pouvait pas provoquer une délibération de l'Assemblée municipale d'Aïn-M'lila.

Nous avons vu que les individus qualifiés de plaie du pays, donnaient pour motif du déplacement du marché d'Aïn-Fakroun, marché approuvé par tout le monde, y compris la Préfecture, *un an auparavant*, la non location des immeubles du village trop éloignés du fameux marché.

Au sujet de la non location des immeubles les motifs invoqués n'ont aucune valeur, par cette raison indiscutable que, dans tout le village, il n'existe pas un immeuble inoccupé.

Et comment en serait-il autrement puisque les immeubles d'Aïn-Fakroun ne sont que de pauvres maisonnettes à peine suffisantes pour les colons qui les habitent. A part le créateur du village, personne, pas un colon ne possède de locaux, non seulement pour louer, mais encore pour ses propres besoins.

Donc, tout ce qu'on a dit ou invoqué pour demander le déplacement d'un marché *construit de la veille* est mensonger.

Il nous faut examiner les autres motifs, ceux provenant du fait d'offrir personnellement la somme nécessaire au transfert du marché précité.

Sur quinze colons, *huit* signèrent la fameuse pétition dans laquelle ils s'engageaient à faire les fonds, tous les fonds que nécessiteraient les travaux du transfert. Les signataires de ces offres baroques ont agi sans discernement, tout simplement, parce que les meneurs, la plaie du pays, les persuadèrent qu'il ne s'agissait que de signer, et que quant au paiement d'une somme de 15,000 fr. pour les travaux, *c'était pour rire*, tout simplement pour obtenir l'approbation des complices, je veuxdire des autorités !

Le tour réussit : quelques colons, conduits et conseillés par la plaie du pays, prirent l'engagement écrit de verser de quoi exécuter les travaux.

Parmi les signataires trompés, l'un d'eux, auquel on avait extorqué son nom, sans l'avoir avisé de ce qu'il signait, protesta énergiquement, dans une pièce envoyée à la Préfecture, pièce dans laquelle il disait :

« Je n'ai jamais demandé le déplacement du marché. On m'a trompé en me faisant signer l'engagement de verser une somme de 800 francs pour faire des travaux pour la Commune. Du reste, je suis incapable de payer une telle somme.»

Ce que je viens d'écrire, Monsieur le Préfet, était signé *Moudino* ; mais, dans ce cas, me direz-vous, l'autorité aurait pu jeter tout cela au panier et repousser carrément des démarches qui ne pouvaient avoir d'autre résultat que celui de ruiner le pays.

Oui, à la Préfecture on aurait dû agir ainsi, mais malheureusement on fit tout le contraire. En effet l'on jeta au panier ou du moins l'on ne tint aucun compte de la protestation Moudino, tandis qu'on prenait en mains la proposition canaille qui venait de la plaie du pays.

Mais ce n'est pas encore là toute la culpabilité de la Préfecture. Celle-ci, trompée par l'Administration, refusa d'écouter la protestation honnête, intelligente qui suit :

« Nous soussignés, colons d'Aïn-Fakroun, protes-
» tons contre le déplacement du marché parce qu'il
« serait trop préjudiciable à nos intérêts. Nous

« prions l'Administration et le Conseil général de
« prendre en considération notre minorité.

« Nous certifions également qu'aucun magasin
« ne reste sans être loué.

« Vos dévoués serviteurs,

« Ont signé : Dumont, colon ; Moudino ;
« Marrot ; Meillon ; Trocolo et Bertrand. »

Voilà je pense, Monsieur le Préfet, de quoi éclairer votre religion.

Mais si c'étaient là les seuls motifs de mon intervention dans cette canaillerie, je n'aurais peut-être pas entrepris de faire un travail de cette importance pour vous prouver qu'un de nos centres était plus ou moins bien habité.

Malheureusement, ainsi que nous allons le voir, des motifs plus puissants m'imposaient de prendre la parole dans l'intérêt de la justice et des colons qui s'engagent à verser 15.000 francs pour faire des travaux publics à l'œil, alors qu'ils ne possèdent pas les moyens pour construire une habitation suffisante pour leur famille.

Avec les protestataires dont je viens de citer les noms, je trouve une force extraordinaire de mille individus protestant avec indignation contre la prétention de 7 à 8 personnes, plus ou moins colons, de faire déplacer un marché construit depuis un an dans un endroit qui avait été choisi par la Commission des centres.

Cette force extraordinaire de mille individus protestant contre le transfert du marché, s'est manifestée dans une pétition signée par les véritables intéressés, c'est-à-dire par les indigènes *sans lesquels le marché d'Aïn-Fakroun ne vaudrait pas dix centimes.*

Je dois vous dire ici, Monsieur le Préfet, que la Commune d'Aïn-M'lila tout entière ne possède que *cinq cents Européens y compris les Juifs* contre 40,000 Indigènes. Les recettes ordinaires sont de 190,000 francs en moyenne. Il est intéressant pour vous, nouvellement arrivé, de connaître le chiffre payé par les Indigènes pour le comparer au chiffre payé par les cinq cents Européens y compris les Juifs.

Et, dans ces conditions, n'ai-je pas raison de dire que c'est une honte pour l'Administration d'avoir repoussé la protestation de plus de mille intéressés pour faire plaisir à un Conseiller général et à un Administrateur qui se moquent de l'intérêt général ?

Nous venons de voir que, grâce à l'ignorance de 5 à 6 personnes on était parvenu à porter le trouble et la haine dans une population de plus de 40,000 âmes.

Vous comprendrez aussi bien que moi que, sans l'élément indigène, un marché quelconque ne saurait prospérer, pas même exister.

Alors comment m'expliquer la conduite de toutes les autorités à l'égard des mille Arabes, tous propriétaires ou commerçants notables qui ont protesté contre les tentatives du déplacement du marché actuel d'Ain-Fakroun réellement construit pour eux et avec leurs propres impôts?

Comme moi et comme toutes les personnes qui raisonnent vous direz sûrement que la comédie grotesque jouée par quelques charlatans, approuvée par l'Administration est de nature à nous aliéner les forces vives de tout le pays, au grand dommage de tous, — uniquement pour être agréable à quelques individualités sans scrupules.

Lorsque le Conseil général parle de l'insécurité contre laquelle il ne sait trouver de remèdes, il ferait bien de se pénétrer des motifs qui créent cette insécurité.

La plupart du temps, comme dans l'affaire du déplacement du marché, ce sont les autorités, le Conseil général en tête qui provoquent le mécontentement général d'où naît la haine qui porte les Indigènes à se venger des injustices du genre de celle d'Ain-Fakroun dont ils seraient les victimes si vous n'interveniez pas résolûment.

Cette question, Monsieur le Préfet, ne date pas d'aujourd'hui; c'est précisément ce qui augmente la responsabilité des autorités qui ont eu tout le temps nécessaire pour s'instruire et apprécier le caractère des démarches insensées qui ont été soutenues par l'Administrateur et le Conseil général, sans parler, pour le moment, d'un Conseiller de Préfecture auquel on avait confié une enquête prescrite par M. le Gouverneur général.

Voici les débuts de l'affaire du marché d'Ain-Fakroun. On y trouve la confirmation de ce que j'ai avancé les premiers jours au sujet du plan que s'étaient tracé des hommes de sac et de corde pour parvenir au but poursuivi.

En 1892, le 24 novembre, juste au moment où les travaux du marché actuel venaient d'être terminés, les membres de la Commission municipale, section d'Ain-Fakroun, réunie à la mairie demandaient ce qui suit :

Les membres de la Commission municipale de la section d'Ain-Fakroun, demandent que le marché de ce centre soit déplacé et qu'il soit établi plus à proximité du village, cela dans l'intérêt de la population (de quelle population ?) L'assemblée accepte ce déplacement à la condition que la dépense du nouveau marché soit supportée par les habitants d'Ain-Fakroun.

Les habitants d'Ain-Fakroun où sont-ils ? Est-ce les 5 ou 6 signataires de la pétition ? Et puis, en ont-ils les moyens de fournir cette somme, eux, qui n'ont seulement pas de quoi construire un logement ?

Enfin l'intelligente Commission accepte la proposition faite par la plaie du pays, mais ce n'est pas définitif; la question reviendra au mois de mars suivant.

C'est ainsi que le 18 mars, jour anniversaire de la Commune, le Président de la Commission fait donner lecture de la dépêche préfectorale datée du 3 du même mois, n· 2462, invitant la Commission à délibérer.

M. Coutayar, l'adjoint spécial, étranger de la

veille, afin d'enlever les derniers obstacles, déclare « qu'il s'engage à prendre pour son compte, moyennant une redevance annuelle de 500 francs le marché actuel, pour une durée de 3, 6 ou 9 années, duquel il ferait tel usage qu'il voudrait ! »

C'est bien cela ! L'adjoint spécial qui avait monté des naïfs contre le fondateur du village veut, non seulement être adjoint et adjudicataire à la place du premier colon, mais encore s'emparer pour 500 francs du marché actuel afin d'en faire tel usage qu'il voudrait.

Toutes ces choses, Monsieur le Préfet, se sont réalisées très exactement, grâce à la complicité de l'Administrateur, je dois le répéter. — Tout à l'heure nous verrons pourquoi.

Les Indigènes au nombre de mille ont protesté contre toute idée du déplacement du marché d'Aïn-Fakroun, et avec eux, qui sont les véritables intéressés, la moitié des colons du village.

A côté de tant de protestations justes autant qu'énergiques, nous avons les oppositions formelles des deux adjoints spéciaux, MM. Goudeau et Humbert, le premier représentant la section de Sigus et le deuxième celle de Kercha.

Les protestations de ces Messieurs sont inscrites dans les procès-verbaux de la Commission municipale. Elles ont été communiquées à l'administration préfectorale.

« M. Goudeau est formellement opposé au déplacement du marché pour les raisons qui ont prévalu au sein de la précédente Commission municipale, au moment où l'on discuta la construction de l'entourage en maçonnerie du marché actuel.

« M. Goudeau dit : l'ancienne municipalité a décidé d'entourer le marché actuel choisi par la Commission des centres et désigné par l'autorité supérieure ; il serait absurde de nous déjuger aujourd'hui et de revenir sur une décision déjà exécutée, alors surtout que rien n'est venu modifier la situation. Rien n'a motivé une semblable contradiction

sur notre manière de gérer les intérêts de nos élec-
teurs.

« Nous avons le plus grand désir de donner satisfaction aux représentants d'Aïn-Fakroun, nous
l'avons prouvé en votant cette année un crédit de
8,000 francs pour construire un marché d'approvi-
sionnement dans le cœur du village, marché qui
doit enlever une grande partie de ce qui se vend
sur le marché qu'on veut déplacer, tel que viande,
légumes, grains, etc., en votant ce nouveau crédit,
nous avons voulu donner satisfaction aux cinq à
six réclamants dans la mesure du possible, et nous
espérions en faisant un tel sacrifice ne plus enten-
dre parler du déplacement du marché que nous
terminons à peine.

« Dans ces conditions, en mon nom et au nom
de mon collègue de Sigus, je proteste contre le
déplacement du marché, ne voulant pas m'associer
à un tel *gaspillage des deniers communaux*.

M. Humbert, adjoint spécial de Kercha, proteste
en ces termes :

« Pour moi et les membres de la Commission
d'Aïn-Kercha, attendu que le marché a existé de
tout temps sur l'emplacement actuel ; qu'une somme de 10,000 francs a été dépensée pour la clôture,
il y a à peine quelques jours, que si on change de
place ce marché les travaux sont perdus et que
dans tous les cas ils ne correspondraient plus à
l'usage prévu ; que, du reste, on ne saurait admettre
un déplacement perpétuel du marché à chaque
renouvellement de la Commission municipale ;

« Attendu que le marché actuel est à proximité
de tous, qu'au Khroub, par exemple, pour ne citer
que celui-là, le plus important du département, le
marché est à une distance du village trois fois
supérieure à celle qui sépare Aïn-Fakroun de son
marché qui touche le village ;

« Attendu en outre que la prescription de l'hygiène
s'oppose au transfert du marché actuel et son installation au cœur du village, surtout d'un marché
qui n'est fréquenté que par les Indigènes et une

quantité considérable de bétail qu'ils y conduisent ;

« Attendu que la demande de refaire un autre marché aux frais des particuliers ne pourrait être admise par la raison qu'elle est contraire aux principes qui régissent la Commune ; attendu que la majorité des Indigènes des douars environnants qui fréquentent ce marché est opposée à son déplacement et que ce désir doit être pris en considération ; pour tous ces motifs je m'oppose ainsi que M. Amphoux à tout déplacement du marché d'Aïn-Fakroun. »

Voilà, Monsieur le Préfet, le véritable langage de la raison, celui qui correspond aux vrais intérêts de toute la région et plus particulièrement des Indigènes, c'est-à-dire de l'élément qui fait la force du marché. Tout ce raisonnement de bon sens ainsi que la pétition revêtue de *mille* signatures indigènes n'ont su trouver le plus petit appui auprès de l'Administration préfectorale qui a été aveuglée par les insinuations louches de l'Administrateur, de la plaie du pays, et de la démarche du Conseiller général de la région.

Cette affaire du marché fut votée par les nommés :

1° Coutayar, adjoint spécial et naturalisé de la veille, locataire, Aïn-Fakroun ;

2° Champion, membre de la Commission ;

3° Colonna Louis ;

4° Beaucour Georges ;

5° Tolle Louis.

C'est en face d'une telle association que l'Administration a baissé la tête pour sacrifier les véritables colons et les mille indigènes qui ont protesté et qui protesteront toujours, ces derniers représentant les intérêts directs du marché.

Je vous avoue, M. le Préfet, que la conduite de l'Administration dans cette circonstance a été déplorable et que les suites, si elles n'étaient arrêtées, ne manqueraient pas de procurer à tout le pays des résultats terribles.

Vous avez pu voir clairement combien le déplacement du marché actuel d'Aïn-Fakroun serait préjudiciable à tous les intérêts.

Cela ressort de ce fait que la population indigène a demandé par une pétition motivée le maintien du marché construit en 1892.

Les pétitionnaires, au nombre de mille, soutenus par les membres les plus intelligents et *les plus désintéressés* de la Commission municipale, ont écrit à l'Administration supérieure pour lui demander d'empêcher la ruine des affaires, du marché et du village. Qu'a fait l'Administration préfectorale dans une circonstance aussi grave ?

En présence de ce qui se passait, après avoir vu la protestation signée par les mille Indigènes, en présence des protestations faites par les Français et notamment par les deux adjoints Goudeau et Imbert et leur conseiller, l'Administration supérieure avait pour devoir de supprimer purement et simplement la demande tendant au déplacement du marché, faite par deux ou trois brouilleurs sans scrupules, n'ayant en vue que la ruine d'un centre qui vient de naître !

L'Administration a fait tout le contraire de son devoir ; elle a jeté au panier le nombre, la masse des intéressés pour obéir à trois ou quatre fauteurs de désordre, en tête desquels se trouvait l'Administrateur d'Aïn-M'lila, ainsi que nous le démontrerons dans la suite de notre récit.

Je dois dire cependant qu'en présence des cris et des plaintes justifiées qui allaient toujours en augmentant, la Préfecture, pour esquiver toute la responsabilité envoya sur place un enquêteur à l'effet d'obtenir de la lumière sur une affaire aussi ténébreuse.

C'est M. Pitié, jeune Conseiller de Préfecture, nouvellement arrivé dans ce pays, qu'on envoya à Aïn-Fakroun.

Ce Conseiller alla sur les lieux. A son arrivée, il trouva le Conseiller général, M. Chanard et l'adjoint spécial, un anglo-maltais naturalisé de la veille.

Naturellement une fois en gare, notre Conseiller

de Préfecture fut entouré, accompagné jusqu'au village. Une fois sur place, les meneurs se gardèrent de lui dire que c'étaient de nombreux indigènes qu'il fallait consulter sur la question du marché. En agissant ainsi, l'enquêteur eût rapporté, à Constantine, la preuve évidente que les gens qui l'entouraient, n'agissant que dans un but électoral, tenaient absolument à la ruine du marché. Mais, malheureusement pour la Préfecture, le Conseiller enquêteur qui s'était à peu près contenté des renseignements fournis par le Conseiller général et l'adjoint étranger conclut à ceci : Un homme raisonnant très bien, après avoir bien réfléchi et étudié l'emplacement sur lequel il bâtira sa demeure, décide qu'il construira là, dans un endroit bien déterminé, et qu'il emploiera pour sa maison tout son capital espèces, voulant désormais vivre chez lui aux dépens de son travail et du produit de sa terre.

Après avoir tout dépensé pour se loger à l'aise, l'homme raisonnant très bien a décidé tout à coup, juste le lendemain de son installation, grâce à de mauvais conseils, d'abandonner sa belle habitation à un étranger quelconque pour aller s'établir à la belle étoile dans un endroit situé à cent mètres plus loin. C'est cette dernière conduite insensée qui a trouvé grâce auprès de l'enquêteur.

M. Pitié a dit: « Il est vrai que le marché d'Aïn-Fakroun est placé à une centaine de mètres de la première maison du village, circonstance qui assure toute liberté aux marchands et aux nombreux animaux qu'ils amènent sur les lieux ; il est aussi exact que la commune vient de faire un grand sacrifice d'argent pour entourer une grande superficie de terrain dans un endroit bien choisi l'année dernière par tout le monde, *y compris la Commission des Centres*. Mais sans doute qu'on s'est trompé puisque M. Chanard, Conseiller général, et *Coutelas*, Anglais d'origine, adjoint spécial, m'ont déclaré que le marché devait être déplacé, non pas parce qu'il n'est pas où il faut, mais surtout parce que

Coutelas ne veut pas le voir aussi près des nombreux bâtiments du premier colon, du fondateur du village. D'un autre côté, le Conseiller général, qui doit être un homme très fort, prétend que si l'on ne déplaçait pas le marché, même contre tous les indigènes, seuls intéressés, il perdrait au moins 20 voix dans la prochaine élection qui aurait lieu. »

Voilà le fond très exact de l'enquête faite par M. Pitié, et j'avoue qu'un tel raisonnement a frappé tous les esprits distingués de la Préfecture et du Conseil général.

L'Administration supérieure n'en demanda pas davantage.

Pendant qu'avaient lieu tous les événements que je viens de faire passer sous vos yeux, la population entière, mais la vraie population, tous les arabes et les véritables colons du pays écrivaient au Gouverneur général toutes les raisons consignées dans cette histoire.

C'est à la suite de ces démarches pressées que M. le Gouverneur général, après s'être fait adresser le dossier, le retourna en disant que le déplacement du marché ne pouvait avoir lieu qu'après l'avis du Conseil général.

L'Administration remit définitivement le dossier au Conseil général. Ce dernier qui ne connaissait pas un mot de l'affaire et qui, du reste était incompétent, se laissa circonvenir.

M. Chanard dit carrément à la majorité : « Si vous ne déclarez pas que le marché d'Ain-Eakroun doit être abandonné, c'est 20 voix que vous perdez pour la prochaine élection. Les vingt voix qu'a eues votre maître Thomson. »

Le Conseil général, qui ne comprenait pas un mot de l'affaire, pencha du côté de l'injustice et déclara, contre le droit et les intérêts supérieurs de toute une région peuplée de 40 000 Arabes, sans parler des Européens, que le marché serait déplacé, l'argent employé perdu, tout cela pour faire plaisir à un Conseiller général et à deux ou trois étrangers

Nous verrons plus tard, le beau résultat de cette façon d'administrer les intérêts généraux.

Ainsi que nous l'avons dit, le Gouverneur général, très étonné de se voir saisi d'une affaire aussi ridicule que celle du déplacement d'un marché, retourna le dossier à la Préfecture. Il pensait que l'Administration préfectorale connaissait son rôle et son devoir à l'égard d'une affaire qui était directement de son ressort.

Comme le Gouvernement général, la Préfecture savait bien qu'en matière communale c'était à elle qu'incombait le soin de régler l'incident, c'est-à-dire de refuser purement et simplement l'approbation d'une canaillerie qui n'avait qu'un but aussi mesquin qu'odieux.

Oui, la Préfecture savait tout cela, mais la question politique l'aveugle à un tel point que, pour ne pas paraître en avoir la responsabilité, elle imagine un truc qui devait parfaitement réussir et passer inaperçu aux yeux des imbéciles. Pour cela, elle n'eut qu'à joindre le dossier d'Aïn-Fakroun à l'ordre du Conseil général, sachant d'avance que cette Assemblée ne recule devant rien, lorsqu'il s'agit de compromettre le droit et la justice. En effet, les choses se passèrent selon les prévisions préfectorales — et le Conseil général sans aucune étude, sans le moindre examen, malgré les protestations de MM. Corps et Morinaud, céda aux démarches du conseiller Chanard, en déclarant que le déplacement du marché d'Aïn-Fakroun aurait lieu.

C'est à tort, Monsieur le Préfet, que la question a été soumise au Conseil général, cette assemblée n'étant pas compétente. Le fait du déplacement d'un marché ressort tout entier de l'Autorité préfectorale.

Du reste, c'est ainsi que le comprit le colonel Corps puisqu'il s'est pourvu avec 8 de ses amis, Conseillers généraux, devant le Conseil d'Etat, qui aura à se prononcer sur la valeur des travaux (extraordinaires) d'un Conseil général qui nous déshonore aux yeux du monde, en votant 7 millions de recettes et autant de dépenses en deux séances de quelques heures.

Afin de bien vous démontrer l'esprit qui anime tout ce monde, je veux faire passer sous vos yeux la preuve que lorsqu'il s'agit d'une mauvaise action l'administration ne se gêne pas pour prêter son concours.

Ain-M'lila, le 23 octobre 1893.

« L'administrateur de la commune mixte d'Ain-M'lila a l'honneur d'informer M. Trocolo, qu'il a reçu l'ordre de M. le Préfet de mettre à exécution la décision prise par le Conseil général relativement au déplacement du marché d'Ain-Fakroun.

« *L'administrateur,* signé : POULARIÈS. »

L'administration aurait dû pour la signification de la décision du Conseil général, attendre le résultat du pourvoi en Conseil d'Etat, relevé par le colonel Corps dans l'intérêt des colons et pour sauver l'honneur de nos élus compromis dans l'affaire qui nous occupe.

D'un autre côté, laissez-moi supposer un instant que le Conseil municipal d'Ain-Fakroun, a eu raison en demandant la démolition de ce qu'il avait construit la veille, et que pour ce motif le Conseil général ait fait son devoir en appréciant une demande tendant à la démolition et à la reconstruction du marché aux frais de 5 à 6 pétitionnaires ; supposons aussi qu'on ait bien fait de ne tenir aucun compte du pourvoi formé par le colonel Corps, il restait toujours à régler la question de savoir si les 4 ou 5 étrangers avaient, avant « le déplacement, tenu leurs engagements relatifs à la reconstruction préalable du nouveau marché. »

En effet, il n'est pas admissible qu'on établisse un marché ayant des milliers d'animaux en liberté au milieu des habitations et des enfants.

Le devoir de l'administrateur et de l'administration, surtout après avoir violé et méconnu les in-

térêts de la population toute entière, était de répon-
dre à la plaie du pays :

« Le Conseil général vous a accordé sans droit de
déplacer le marché à vos frais; dans ces conditions
avant de toucher à celui qui existe, vous êtes tenus
de faire des travaux équivalents à ceux qu'il s'agit
d'abandonner; tant que vous n'aurez pas tenu vos
engagements, l'administration s'opposera à la sup-
pression du marché actuel. »

Voilà la justice et le langage d'une administration
à l'égard des intérêts généraux. Mais malheureusement elle a fait tout le contraire; cependant je pense
que votre présence, M. le Préfet, ne tardera à modifier la situation. Dans tous les cas, je vais dire les
moyens employés pour contraindre la population
à abandonner le marché actuel.

Il est de règle générale, dans notre civilisation,
que la loi du nombre, librement exprimée et sanc-
tionnée par les pouvoirs établis, est toujours obéie
et respectée.

Dans ce cas, c'est-à-dire lorsque l'autorité qui
exécute ne fait qu'interpréter le droit et la justice,
je veux dire, lorsqu'elle tient la balance égale pour
tous, sans se préoccuper des passions et des personnes, on est sûr du respect que tout homme
libre doit aux intérêts généraux d'autrui.

Est-ce le cas dans l'affaire d'Ain-Fakroun ?

Naturellement non, et s'il en est ainsi, à qui la
faute ?

La faute est toute entière du côté de l'administrateur d'abord et de l'administration préfectorale
ensuite, par la raison qu'elle a épousé, par fai-
blesse de caractère, les querelles de quelques
brouillons étrangers.

Le promoteur de tout le mal, c'est incontestable-
ment l'administrateur qui s'engagea à l'égard des
étrangers d'obtenir un vote en faveur du *déplacement du marché, en empêchant les dix-huit cheiks de
la Commune de voter contre le transfert au moment
où celui-ci viendrait en discussion devant le Conseil
municipal.*

Si M. l'administrateur n'eût pas empêché les cheiks de voter, il est certain que *leurs dix-huit voix* étaient acquises au maintien du marché actuel, c'est-à-dire à *l'intérêt de tous les Indigènes*.

Mais vous allez me dire, Monsieur le Préfet, que, puisque les cheiks ont voix délibérative, ils n'avaient pas à tenir compte de l'opinion de l'administrateur, et qu'ils pouvaient, par conséquent, voter dans le sens indiqué par tous les Indigènes qui fréquentent le marché.

Cela serait vrai si l'administrateur d'Aïn-M'lila faisant preuve d'impartialité, avait dit aux cheiks :

« Vous savez que quelques étrangers demandent de *déplacer à leurs frais* le marché actuel d'Aïn-Fakroun ; je vous en préviens, afin que vous ne soyez pas surpris au moment où la question viendra au Conseil municipal. Dans ce cas, voyez et consultez les Indigènes, seuls intéressés dans cette affaire ; lorsque que vous aurez appris leurs sentiments, vous n'aurez qu'à vous prononcer librement ; en ce qui me concerne, je puis vous prévenir que je voterai contre tout déplacement, par ce motif que ledit marché a toujours été où il est actuellement, *que l'emplacement a été choisi par tout le monde et la Commission des Centres et puis, enfin, parce qu'on vient justement de dépenser 12,000 francs.* »

Vous devinez déjà, Monsieur le Préfet, que si l'administrateur avait tenu un tel langage, nous n'aurions pas aujourd'hui à discuter sur un sujet de cette nature.

M. l'administrateur qui veut faire de la politique avec partialité tint aux Indigènes un tout autre discours. Il dit aux cheiks :

« Dans l'affaire du marché d'Aïn-Fakroun vous n'avez rien à y voir ; en conséquence, abstenez-vous de voter. » Et les cheiks qui ne sont que les valets de l'administrateur, tandis qu'ils devraient être ses collaborateurs, se réfugièrent dans leurs burnous écarlates.

Je vais vous prouver, Monsieur le Préfet, l'exactitude de tous les faits que je viens de faire passer sous vos yeux.

Les nombreux Indigènes de la région, lorsqu'ils apprirent qu'on allait déplacer leur marché grâce à la lâcheté et à la complicité des cheiks et de l'administrateur, se mirent en devoir d'adresser à M. le Gouverneur général, la pétition suivante qui est autrement digne que la conduite de l'administrateur. Voici cette pièce soutenue par au moins *1200* signatures bien connues.

« Louange au Dïeu unique !

« Que Dieu comble de faveurs les jours de l'illus-
« tre M. le Gouverneur.

« Que le salut soit sur vous !

« Nous avons recours à vous, parce que nous
« avons à nous plaindre du préjudice que nous
« cause le déplacement du marché d'Ain-Fakroun.

« L'emplacement qui a été choisi par les mem-
« bres français de la Commission municipale, les
« cheiks et l'administrateur d'Ain-M'lila est incom-
« mode par suite des nombreux arbres, de l'insuf-
« fisance d'eau et des grandes quantités de fourra-
« ges qui se trouvent à proximité.

« Pour tous ces motifs nous sollicitons de votre
« haute bienveillance le maintien du marché à la
« place où il se trouve, car son déplacement serait
« nuisible à toutes les tribus en général.

« Nous attendons justice et salut de la part des
« Indigènes de tous les douars. »

Je l'ai déjà dit, ceci est signé par plus de 1,200 Indigènes, par tous ceux qui font valoir ce marché. Du reste, il est probable, Monsieur le Préfet, que la pétition précitée vous parviendra sous peu par le canal du gouvernement général.

Lorsqu'un représentant de l'autorité accepte de faire une enquête sur des faits auxquels sont liés les intérêts généraux, il doit avoir l'idée d'être le fidèle interprète, non seulement de sa conscience, mais surtout celui de l'intérêt public.

Avant de se rendre sur les lieux du litige, il doit

se préoccuper de la connaissance qu'il doit avoir des personnes et des choses qui ont provoqué l'enquête qui lui a été confiée sans tenir compte ni de la camaraderie, ni de la situation plus ou moins officielle des individus, qu'on voit d'habitude toujours à la première place, s'il s'agit de soutenir une mauvaise action contre le droit de tous.

Dans l'espèce, notre enquêteur, que je crois de bonne foi, s'est-il bien pénétré des vérités indispensables que je viens de supposer chez un homme qui est chargé d'une mission de justice ?

Ce que je crois et c'est la vérité, c'est que l'enquêteur a été trompé par l'administrateur, le Conseiller général et l'adjoint spécial du village.

L'enquêteur et M. Chanard se réunirent chez l'administrateur qui leur offrit un casse-croûte, chose assez naturelle.

Puis une fois réconfortés et après avoir conclu sur le sort de l'enquête, ils envoyèrent un cavalier de la Commune porteur d'une dépêche, annonçant leur arrivée à Aïn-Fakroun.

Cette précaution prise par le Conseiller général et l'administrateur, ils se mirent en route suivis de l'enquêteur qui ne se doutait pas de la comédie grotesque qu'on lui préparait.

Dès l'arrivée du cavalier porteur de la dépêche annonçant la venue des *Kébirs* chargés de l'enquête, la plaie du pays, l'adjoint spécial se mit en mesure de dresser ses batteries dont le but était de tromper l'envoyé de la Préfecture.

D'abord il fit pavoiser un chariot qu'on attela pour aller à la rencontre de la caravane composée de l'enquêteur et de ses suivants.

En tête de ce cortège, formé d'un chariot pavoisé, marchait un orchestre bizarre composé d'un accordéon, cet instrument à soufflet.

Tout cela, vous le voyez Monsieur le Préfet, ressemblait à une bouffonnerie.

Il paraît que c'est ainsi que l'on reçoit les enquêteurs dans l'île anglaise.

Cela ne suffisant pas, notre anglo avait imaginé

en outre un truc extrêmement plus compliqué. Il donna l'ordre de fermer toutes les portes et lui-même, prêchant d'exemple, barricada son moulin afin, disait-il à ses partisans de frapper l'esprit de l'enquêteur qui venait décider de la vie ou de la mort du village.

Tout cela se passait un jour de marché, nous l'avons déjà dit.

Malheureusement pour les meneurs, MM. Chanard, l'administrateur et *Coutelas*, dès que les arabes surent qu'un enquêteur était sur les lieux, ils entourèrent ce dernier, au nombre de plusieurs milliers, pour protester contre le déplacement du marché.

Toutes ces protestations étaient inutiles, l'enquêteur ayant déjà résolu sa mission dans le sens indiqué par l'accordéon, et le char pavoisé, dont l'apparition subite au milieu des solitudes, l'avait complètement privé du désir de s'instruire.

Quant à écouter le premier colon, le fondateur du village, auquel M. l'administrateur avait offert 70,000 francs de sa propriété, vous pensez bien qu'il n'en fut pas question.

Aussi de tout cela. qu'en est-il résulté ?

Le résultat jusqu'à présent le voici :

Afin de ne pas donner le temps aux protestations d'arriver à la Préfecture, il fut décidé par l'administrateur et ses trois ou quatre complices, que le 24 octobre jour de *marché aurait lieu l'inauguration du nouveau marché.* Mais pour cela il était nécessaire de prendre quelques précautions en vue d'un soulèvement possible des Indigènes, par ce motif qu'on les accablait d'injustice en leur enlevant le marché qu'ils avaient créé et payé de leur argent.

Ces Messieurs n'avaient pas tort de penser à une exaspération possible, et c'est dans ce but qu'on réunit toute la force armée de la Commune, gendarmes et cavaliers afin de forcer les Arabes à tenir le marché en plein champ et les empêcher d'occuper le véritable marché créé depuis 20 ans.

N'est-ce pas, Monsieur le Préfet, que de telles mesures sont la preuve que l'administration s'est laissée tromper par trois ou quatre personnes ; n'est-ce pas là la preuve que le transfert du marché a été ordonné contre les intérêts de tous ?

Remarquez bien, Monsieur le Préfet, que ce déploiement de forces a lieu tous les marchés alors qu'avant il suffisait de la présence du garde-champêtre.

Naturellement les gendarmes et les cavaliers n'ont pas été inventés pour faciliter la violation du droit des gens.

Voici maintenant la liste du capital souscrit pour la forme, par les meneurs de toute cette affaire, pour la reconstruction du marché déplacé.

Cette liste sur timbre (s'il vous plaît) courait le village ces jours-ci par les soins du garde-champêtre qui serait beaucoup mieux à surveiller les propriétés.

Coutelas, adjoint, locataire............	1.200 fr.
Chasse bœuf.........................	600
Lebeau.............................	600
Champion, conseiller.................	500
Voglimassi..........................	100
Dragacci............................	100
Ourset..............................	50
Estron..............................	300
Nicello, quatre journées de travail forcé à deux francs cinquante..........	10
Total.............	3.460 fr.

C'est avec une telle somme que les brouilleurs du pays entendent faire des travaux destinés à remplacer le marché !

Laissez-moi vous dire Monsieur le Préfet, qu'un tel déni de justice à l'égard de cette population, s'il était maintenu définitivement, aurait les plus tristes résultats que vous éviterez par votre intervention énergique de laquelle naîtra la paix dans tout le pays.

Agréez, Monsieur le Préfet, avec mes excuses pour la longueur de mes explications indispensables, l'assurance de mes salutations les plus distinguées.

CONSTANTINE, IMPRIMERIE NICOLAS AUDRINO

www.ingramcontent.com/pod-product-compliance
Lightning Source LLC
Chambersburg PA
CBHW051358060726
47596CB00005B/1975